1

Hypnose H-Ultra
ou
Hypnose
Profonde

Christophe Pank

«Ouvrir les profondeurs de son être pour apprendre à y découvrir la lumière de son tout»

Sommaire

Introduction

Dans les différentes écoles d'Hypnose que j'ai pu fréquenter, je me suis rendu compte que nous ne parlions pas tous le même langage. Nous sommes un peu comme les pays Latin, nous avons une base commune, nous avons des concepts assez proches mais nous ne nous comprenons pas réellement.

Après un léger apprentissage nous parvenons à échanger, ensuite, entre en compte la culture que la langue a fait naître. Je me réclame de tendance Elmanienne, donc une école qui est assez différente de l'Hypnose Ericksonienne.

Dans cette mouvance, il y a dans notre lexique une notion de profondeur de transe. C'est-à-dire une notion qui explique que les Transes peuvent être classifiées et qu'en fonction du niveau, ou si l'on préfère, la façon dont on se laisse les vivre, il y a des phénomènes spécifiques.

Il y a depuis le 19e siècle un niveau qui impressionne fortement la communauté de l'Hypnose, c'est l'état Esdaile. Esdaile est le nom d'un chirurgien qui opérait sous hypnose les combattants sur les champs de bataille, ainsi que les civils pour différentes problématiques.

Ce médecin britannique vivait en Inde et, grâce à sa façon de faire, sauvait de nombreux patients à une époque où l'anesthésie n'était pas connue.

Cette Transe fait partie *des premières transes profondes* exploitées dans un domaine d'aide à la personne.

Dans cet ouvrage, je vous propose de découvrir ce que je nomme les Hypnoses Ultras ou H-Ultras, une facette que la transe nous offre et qui peut nous aider, en tant que praticiens, à soulager de nombreux maux de nos clients.

Chapitre 1 : L'Hypnose Elmanienne

Dave Elman (1900-1967) **n'est pas un médecin** comme a pu l'être Milton Erickson, c'est en partie pour cela que dans l'hexagone nous n'avons que peu d'écoles qui proposent son enseignement.

En revanche, il était reconnu comme formateur auprès des dentistes et des chirurgiens. Il enseignait *une méthode rapide* pour mettre les patients dans des états suffisamment profonds afin qu'ils puissent vivre l'intervention de façon confortable.

Il s'est intéressé à l'Hypnose du fait que son père était atteint d'une maladie lourde et qu'il souhaitait le soulager. En voyant un hypnotiste apaiser les douleurs, il a commencé à étudier l'art des suggestions aux subconscients.

Il n'a écrit qu'un seul ouvrage qui se nomme modestement 'Hypnotherapy'. Cet ouvrage n'existe qu'en anglais.

Celui qui a vraiment mis en avant son travail se nomme **Gerald Kein**. Il a créé l'école OmniHypnosis en Floride.

L'histoire veut qu'il ait harcelé Elman pour qu'il lui enseigne sa technique, ce dernier, après avoir refusé un long moment, a accepté qu'il l'accompagne pour filmer ses séminaires.

Kein, dans les années 70, a donc mis en avant ce qu'il avait reçu de son mentor.

Il a formé de très nombreux praticiens dont je fais partie. Il a structuré cette méthode pour réellement proposer une dynamique effective dans le cadre de la thérapie par l'hypnose.

Cette méthode est basée sur **une hypnose plus directe** que celle que nous connaissons dans l'hexagone, une de ses particularités est de déterminer qu'une séance ne peut fonctionner qu'à partir d'une certaine perception de la transe pour le patient, en d'autres mots un niveau.

Il y a également une définition qui est spécifique à l'Hypnose Elmanienne.

'L'Hypnose est la capacité de contourner le facteur critique afin de créer une communication directe entre le Conscient et le Subconscient.'

Le *Conscient* étant, de façon simplifiée, l'ensemble des notions critiques et analytiques, la mémoire à court terme.

Le *Subconscient* étant plutôt l'ensemble des souvenirs, des émotions, et des modèles automatiques permettant de 'faciliter' le quotidien.

Le facteur critique, selon Kein, est une simple barrière entre le conscient et le subconscient, qui va renvoyer toutes les suggestions dans le conscient pour mettre en place la réflexion et rester hermétique aux injonctions extérieures.

Je ferai prochainement un ouvrage plus complet sur l'Hypnose Elmanienne, passez dès à présent sur le site www.hypnose-elmanienne.com

Nous allons définir ce que représentent **les niveaux de Transe** et vous allez pouvoir également les inclure dans votre travail, qu'importe le type de thérapie que vous connaissez.

Si vous travaillez dans des tendances Ericksonienne ou PNListes, prenez un moment pour intégrer la différence de méthode. En hypnose Elmanienne, le rapport est simple en séance et fonctionne sur un point clef : **l'accord initial**. Il n'y a pas de recherche de synchronisation de Pace ou de Lead.

Les suggestions sont directes et nous évitons la confusion hormis pour approfondir les partenaires.

Je sais que parfois les méthodes qui sont mises en avant dans notre style peuvent paraître simples, connaissant la complexité de l'Hypnose Indirecte, mais n'ayez crainte les années de pratique de ce système ont largement fait leurs preuves.

Chapitre 2 : Les Niveaux des Transes de base

De mon avis, nous sommes presque *tout le temps en Transe* et toutes les thérapies et, même celles dites longues, font entrer leurs patients dans cet état.

Je définirais une transe comme **une communication entre le Conscient et le Subconscient,** ou plutôt du Subconscient qui peut enfin se faire entendre par le Conscient.

Nous entrons naturellement dans des états de Transes dans la journée, vous le savez parfaitement si vous faites de l'hypnose.

Je vous rappelle quelques exemples de Transes spontanées :

- Les moments pendant lesquels vous avez les yeux dans le vague, les pensées allant et venant pendant que vous discutez avec un ami.

- Les trajets que vous faites en voiture ou dans le métro auxquels vous ne portez attention. Vous arrivez à destination sans y avoir prêté attention.

- Vous vous cognez contre un mur ou autre. Vous ne remarquez le bleu et la douleur qu'une fois chez vous au calme.

- Vous êtes persuadé que quelqu'un vous a interpellé, alors que personne ne l'a fait.

L'état Hypnotique est **une Transe qui est orientée** par un praticien. La **Transe étant naturelle**, le Thérapeute ne fait qu'orienter cette dernière pour la diriger vers une solution viable pour le client.

Depuis que l'hypnose existe, les praticiens ont proposé différentes échelles pour définir les niveaux de Transes. Pour ma part, je prends deux échelles, celle de Gerald Kein et celle de la National Guild of Hypnotists.

Je vous propose un tableau sur ces deux échelles :

Niveaux de Transe Par Jerry Kein	Niveaux de Transe Par la NGH
Léger	Catalepsie Mineure
Moyen	Catalepsie Groupes Musculaires
Profond	Amnésie
Somnambulisme	Anesthésie
	Hallucinations Positives
	Hallucinations Négatives

Les niveaux H-Ultra ne sont pas définis par la NGH. Quand à Kein, il estime que les Hallucinations font partie du niveau Somnambulique.

Dave Elman avait défini, que pour travailler avec un client, il était nécessaire de le **descendre au niveau Somnambulique.**

C'est un de ses pré requis de travail. Cet aspect est très important pour nous qui travaillons sur des Transes Profondes. En effet, il nous sera nécessaire de passer par le Somnambulisme Hypnotique pour aller plus loin.

Cette façon de percevoir l'hypnose est *très spécifique au courant Elmanien.*

Notez que je parle de **H-Ultra** plutôt que d'*Hypnose Profonde* parce que dans mon courant la transe profonde se trouve **techniquement avant le niveau Somnambulique** (cf. le tableau précédent)

Reprenons notre tableau et mettons des exemples concrets :

Niveaux de Transe Par la NGH	Exemples
Catalepsie Mineure	Les yeux ouverts dans le vague.
Catalepsie Groupes Musculaires	Un bras en l'air comme lors d'un concert ou pendant de longues minutes nous pouvons garder cette position.
Amnésie	Les fameux noms sur le bout de la langue.
Anesthésie	Ces chaussures neuves qui le temps d'une superbe soirée ne nous fait plus mal.
Hallucinations Positives	Être persuadé d'avoir aperçu une personne que l'on connaît dans la rue
Hallucinations Négatives	Vos clefs sont posées sur votre bureau et vous n'êtes pas capables de les retrouver, jusqu'au moment où vous avez repris votre calme.

Le niveau Somnambulique, comme défini par Dave Elman, **inclut l'ensemble des phénomènes Hypnotiques** jusqu'à l'anesthésie.
Les Hallucinations ne sont pas mises en avant à ce niveau de base thérapeutique.
Gardez cependant en tête qu'il est possible d'utiliser les hallucinations pour aider certains de nos patients.
Par exemple, un de mes clients qui souhaitait arrêter sa consommation d'alcool, ce sont une hallucination gustative et un nouvel ancrage sur les sensations lui ont permis de stopper.
De par mon expérience en cabinet et en hypnose de rue, je peux dire qu'un sujet peut facilement vivre des hallucinations au niveau somnambulique.

Chapitre 3 : Les Niveaux H-Ultra

Ces niveaux ont peu été mis en avant dans l'hexagone, pour des raisons historiques je pense. Nous sommes très liés à la méthode que Dr Erickson a proposé dans les années 70-80.

Son système a été repris par le **milieu médical français.** En observant la façon de faire des médecins formés à l'Hypnothérapie par le cursus universitaire, ou dans les blocs opératoires, nous constatons que **l'ensemble reste très Ericksonien.** C'est très bien, c'est une aide réelle pour les patients, je pense simplement que certaines *évolutions pourraient être possibles.*

La prise en compte des Niveaux, sans entrer dans les sempiternels débats psycho-philosophiques, pourrait **optimiser certaines procédures**. L'application des inductions Instantanées ou rapides serait un véritable changement dans le monde chirurgical. *Elman le proposait dans les années 50-60.*

Les Ultras ont été une découverte pour moi, car j'ai eu la chance de les voir avec Jerry Kein et surtout avec Lee Pascoe, qui est la femme que **j'estime être mon mentor.** Le Coma hypnotique ou l'état Esdaile est une transe plus profonde que le niveau Somnambulique.

Pour James Ramey disciple de Walter Sichort, le fondateur de l'Ultra Depth, le niveau Ultra débute après le Coma Hypnotique.

Kein a lui aussi défini une forme d'Ultra qu'il a nommé Ultra Height. Il reprend les concepts de Ramey et 'dépasse' également le Coma Hypnotique.

Pour la petite histoire, les deux hommes Ramey et Kein ne s'apprécient semblent-ils pas parce que le second aurait, dans un premier temps, repris le système proposé par le fondateur de l'Ultra Depth.

Pour Ramey voici les Niveaux :

Niveau Somnambulique

↓

État Esdaile / Coma Hypnotique

↓

Ultra Depth (État Sichort) et Ultra Height

Vous pouvez donc garder en tête cette cartographie des niveaux Ultras. Pour ma part, après un grand nombre d'expériences sur les H-Ultras, j'ai constaté que les niveaux ne se passent pas toujours comme déterminé par ces deux grands Hypnotistes.

Dans la notion H-Ultra j'ai rassemblé les 3 notions Esdaile/ Sichort et Ultra Height. En effet, il est intéressant de se rendre compte que les clients prennent le chemin qui leur est le plus adapté.

Niveau Somnambulique

↓   ↓   ↓

État Esdaile = État Sichort = Ultra Depth

A mon avis le client a la liberté d'aller dans la transe profonde qui lui convient.

Comme nous le verrons, les différents états apportent des réactions physiques spécifiques et certains clients n'y passeront jamais.

Prenons le cas d'une personnalité plutôt tendue, qui depuis quelques années est dans des crises de stress, son corps est plein de tensions et très souvent, pendant une mise en transe, cette personne se détend complètement.

J'ai d'ailleurs été très étonné les premières fois où j'ai fais des inductions 'instants' sur des personnes que je voyais *très en tension et en contrôle*, de les voir s'écrouler sur moi.

Imaginez donc que cette personne là, qui détend complètement son corps, qui se relaxe pour une des premières fois depuis des années, va plus *difficilement* entrer dans une **transe catatonique** (c'est-à-dire avec un dynamisme musculaire rigide), que dans une transe de plein relâchement.

Il y a certainement un élément supplémentaire qui est plus marketing. En effet les deux systèmes se veulent être une 'découverte'.

Comme l'état le plus profond connu était l'état Esdaile, il semblait difficile de mettre un nouvel état sans qu'il n'y ait une différence. Ils ont donc mis leurs travaux à une étape plus profonde.

Revenons à la description des différents états.

a) L'état Esdaile

Cet état a été 'découvert' par Le Docteur Esdaile (1808-1859) en Inde. C'est un état qui avait pour avantage d'**anesthésier complètement les patients** à une période ou le *chloroforme* de Simpson (1847) était en train d'être découvert.

C'est d'ailleurs l'une des raisons pour laquelle cet état hypnotique anesthésiant n'a pas été plus exploité.

Esdaile pratiquait une forme de *Mesmérisme* (Du magnétisme animal et la base de ce que James Braid nommera Hypnose, en retirant le principe de passes.)

Cette transe a permis, selon les informations qui sont diffusées, de pratiquer plus de 300 opérations sans que les patients ne meurent de douleur.

Le réel défaut de ce type d'intervention pour l'époque était **le temps** pour faire entrer le patient dans ces transes.

Il y a d'ailleurs des informations assez paradoxales sur ce sujet. En effet, certains écrits font référence à l'hypnose sur les champs de batailles et d'autres expliquent que le temps était si long pour faire entrer le patient dans une transe profonde, qu'il fallait que des 'aides' continuent les passes pendant de longues heures (entre 2 et 8 heures).

Quoi qu'il en soit, il est certain que cet état a sauvé des vies et permis de donner un crédit extraordinaire à la discipline. Ce qui est dommage pour l'histoire de l'hypnose c'est le fait que la méthode semble avoir mis du temps à revenir en Angleterre. Entre temps, il y eu la mise en place du Chloroforme dont les actions sont immédiates.

Aujourd'hui nous avons la chance de connaître des **inductions**, c'est-à-dire des mises en transes **plus rapides**. Nous sommes donc capables de faire descendre au *niveau somnambulique rapidement (moins de 3 minutes)* puis de faire la transition vers le Coma Hypnotique également rapidement.

Nous verrons toutefois que ce n'est pas toujours une 'destination' que le subconscient est *capable de vivre* pour diverses raisons.

Il y a différents points que Jerry Kein propose de vérifier pour confirmer la transe en état Esdaile.

- Le client est complètement **anesthésié sans que la moindre suggestion** lui soit faite.
- Le client n'est **plus sensible aux suggestions** que nous pouvons faire.
- Le client a son corps dans **un état catatonique**, c'est-à-dire qu'il est dans une tension musculaire qui permet de le faire tenir dans des états cataleptiques sans la moindre suggestion.

L'état Esdaile était donc particulièrement utilisé pour certaines opérations.

Du point de vu du client, le Coma Hypnotique est **très agréable**, les douleurs et les gênes disparaissent, l'esprit s'apaise complètement. Dans ces conditions, il reste dans un état qui peut se rapprocher *d'une forme d'euphorie*.

Tout ce qui est proposé à l'extérieur ne prend aucune importance, excepté si cela peut faire encore évoluer le bien être. C'est pour cette raison que la réponse à la suggestion de *'remonter'* est mise de côté.

Il suffira au praticien de lui faire une menace pour le ramener au niveau somnambulique puis au niveau *conscient*.

b) L'Etat Sichort

Je renommerais, pour les besoins du livre et surtout pour éviter des problématiques sur les droits d'auteurs : **Etat ou Niveau Abysse**

Cet état est un niveau de Transe 'découvert' par Walter Sichort assez récemment (Seconde partie du XXe siècle), dont James Ramey est le diffuseur.

Sichort a eu une cliente 'hors du commun' avec qui il vécut une expérience assez incroyable.

En effet, Sichort lors d'une session sur une adolescente n'est pas parvenue à la faire émerger de sa transe. Même avec la phrase de retour du coma hypnotique, elle restait dans sa transe.

L'histoire veut qu'il ait commencé à paniquer, à lui envoyer un verre d'eau, et surtout il ne se voyait pas dire à sa mère que la gamine ne sortait pas de son état.

Après avoir fait en vain des tentatives diverses et au moment de prévenir la mère pour faire appel aux secours, la jeune femme est revenue dans son état de conscience ordinaire.

Aux questions sur sa capacité à entendre la suggestion de Sichort pour la faire sortir de transe, cette dernière lui répondit qu'**elle a répondu immédiatement** à la première suggestion de sortie... seulement *la réalité temporelle était de plusieurs dizaines de minutes.*

Cette observation a vraiment étonné le praticien qui a demandé s'il était possible de travailler avec cette jeune femme afin de découvrir quelles étaient les différents éléments qui constituaient sa transe.

De cet échange est née la constatation d'un état différent de l'état Esdaile. Voici les différents points pour définir les éléments de cette transe :

- Le corps est dans un état d'hyper relaxation.
- Guérison de 6 à 10 fois plus rapide
- Connexion avec notre Inconscient

Ramey met très souvent en avant cette capacité de pouvoir guérir plus rapidement grâce à l'état Sichort. Pour ma part, *je ne peux pas vérifier cette affirmation.* En effet quand nous mettons un partenaire dans une transe avec des suggestions de mieux être et de guérison, il est normal que nous puissions voir un mieux-être plus rapide.

Je ne sais pas comment nous pouvons calculer la capacité d'un corps à aller plus vite que naturellement à guérir. En effet, chaque personne récupère à chaque fois de façon différente.

Le point à retenir est surtout cette faculté à descendre complètement dans des phases de relaxation particulièrement intenses. En effet, quand je vois des personnes 's'écrouler' littéralement durant certaines séances, comme si tout le corps était désarticulé, nous nous rapprochons rapidement de ce niveau.

Ce qu'il est important de noter, c'est qu'il y a des personnes, qui sont parfois en retenue depuis des années, dans un fort contrôle et qui quasi spontanément, à la suite de l'induction, vont complètement s'écrouler, **ne laissant aucun muscle contracté**.

Dans un tel cas de figure, il est complètement inutile de chercher le coma hypnotique. Il est très rare que la personne y parvienne. D'expérience, les clients se trouvent au niveau somnambulique à minima, voire certaines personnes offrent exactement les mêmes réactions qu'un état Sichort.

La première fois que j'ai vu les vidéos de Mr Ramey, j'ai beaucoup aimé constater l'état vraiment lointain de ces patients.

Je me suis beaucoup *interrogé sur l'utilité* de ce système. Au départ j'ai eu l'impression que c'était une vaste invention marketing.

Ensuite, en étudiant ce qui était proposé, je me suis aperçu que certains aspects du processus pour entraîner notre partenaire dans cette transe sont vraiment bien réalisés et utiles pour d'autres types de séances.

Il s'agit des **"Ancres Clefs"** qui ont une véritable plus value dans nos méthodes et je pense plus particulièrement dans le monde plus médical.

Seulement aujourd'hui je n'ai aucune expérience dans ce domaine. En effet pour les opérations lourdes, les **hypno-anesthésistes** rencontrent une première fois leurs patients. Si durant cet entretien à la place d'une simple découverte de transe, ces spécialistes entraînaient vraiment leurs clients dans un état profond, il y aurait encore un pas franchi dans cet excellent modèle remis au goût du jour par l'équipe de *Marie Elisabeth de Faymonville*.

D'ailleurs il est parfois dommage que nous restions encore sur des transes si légères dans l'utilisation de l'Hypnose dite 'médicale'. Une hypnose qui est principalement composée des travaux de Milton Erickson.

Un ami anesthésiste qui travaille fréquemment avec l'hypnose a réellement fait évoluer son travail avec les transes profondes.

Il me semble aussi important de garder en tête, avec le travail en état Sichort, que très rapidement nous touchons **une forme de spiritualité.**

J'en ai souvent parlé avec Daniel Goldschmidt qui faisait d'ailleurs ses propres recherches en hypnose profonde avec sa grande expérience.

Il y a vraiment une dimension très différente quand nous commençons à parler de H-Ultra.

c) Etat 'Evolution'

La dénomination réelle est Ultra Height, c'est un mot déposé par Mr Jerry Kein. D'après les informations que j'ai pu avoir, il a particulièrement travaillé sur un état profond suite à la maladie d'un de ses enfants.

A l'inverse de tous les autres niveaux Ultras, *il ne part pas dans une dynamique de descendante et donc de 'profondeur'* mais dans **une hypnose ascendante**. Sur ce point il rejoint le principe qui a été inventé dans les années 70 par un grand nom de l'Hypnose et également Docteur en Psychologie : **Don Gibbons**. Son système se nomme **Hyperempiria** (www.hyperempiria.blogspot.com).

Jerry Kein donne **moins de points clefs** qui nous font constater que le partenaire vit son Ultra. En effet dans les informations qui sont transmises, il est '*évident*' que continuer après l'Etat Esdaile avec le protocole qu'il propose entraîne dans un état Ultra 'élevé'. Pour ma part et suite à mes constats voici les points que nous pouvons facilement retrouver :

- Un apaisement du visage, on observe limite un état extatique.
- Anesthésie complète du corps

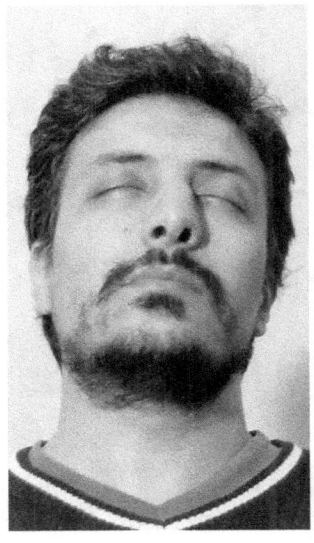

Kein propose à ce niveau une sorte de salle qui va permettre de retrouver du bien être et de la guérison. J'ai repris cette idée à plusieurs reprises, j'ai pu constater, comme d'ailleurs avec les deux autres H-Ultras, que lorsque les clients sont dans cet état, ils sont comme **guidés dans ce qui est le plus juste pour eux**.

Je vous présenterai le H-Ultra Évolution avec le même outil d'Ancre Clef, en effet cette méthode est très simple et efficace.

Nous devenons rapidement **les spectateurs d'une transformation** qui se passe sans notre intervention.

Nous allons étudier plus en profondeur les procédés et je vous donnerai des exemples et des retours de séances suite à l'utilisation de ces transes profondes.

Il est important de garder en tête que nous sommes dans un accompagnement et que nous pouvons mener nos clients uniquement vers l'état qu'ils sont prêts à vivre.

Chapitre 4 : Le Client ou Partenaire

Dans les transes profondes, nous praticiens, devons ouvrir notre façon de voir les séances. Je n'ai jamais été de ceux qui pensent que le Subconscient sait parfaitement ce qui est bon pour lui.

Je n'ai jamais observé des patients, atteints de troubles, vivre une abréaction lors d'un film, ce film étant comme la métaphore parfaitement adaptée à ce qu'il vit depuis des années et pourtant nous nous trouvons bien dans des transes plus ou moins profondes devant un écran.

Pour moi qui suis également énergéticien, Il est donc important de reprendre un principe important de l'énergétique, **ne faisons rien**, ouvrons simplement les portes. Et cela n'est pas toujours très simple.

Je rentre d'ailleurs d'un séminaire de *Frank Kinslow* qui en parle à sa façon. Il nomme cela le *Eufeeling*. Il exprime une idée qui, lorsque je l'ai entendue, entrait parfaitement en résonance avec ce que j'ai réappris à pratiquer dans mes séances de H-Ultras.

Le concept est simple avec des mots, que nous autres hypnotistes, nous comprendrons mieux :

Le praticien *entre volontairement dans une transe positive* et propose simplement à l'autre une transe qui lui convient également, et il ne fait rien d'autre. Son idée étant que l'équilibre de la transe du praticien peut **entrer en résonance avec la transe du client**.

En H-Ultra, outre le fait que nous entraînons le partenaire dans la transe, nous allons lui enseigner à **simplement se reprogrammer** lui-même, et nous resterons là, dans notre *transe d'observation* et parfois d'orientation pour lui offrir quelques clefs possibles en plus.

Il est important de bien briefer votre client sur son rôle dans ce type de thérapie. Il y a un point qu'il faut garder en tête, d'ordinaire le client qui entre dans des transes profondes **n'a plus la moindre envie d'écouter** le praticien.

Prenons un exemple simple, vous avez des douleurs chroniques très puissantes depuis des années. Nous vous proposons de vous mettre dans un état où tout cela n'existe plus, comme si vous pouviez être dans la légèreté absolue de l'être.

Très sincèrement est-ce que vous perdriez du temps à écouter une voix qui veut vous faire passer sur d'autres choses ?

Il y a dans les Transes en Ultra, une facette extatique, que nous pouvons retrouvez dans certaines méditations.

N'avez-vous jamais entendu parler de moines, ou yogis qui restaient des heures entières dans un état de bien être en prière ou en méditation ?

Ces états sont comparables aux H-Ultras. Nous pourrions discuter des zones cérébrales activées pour en voir une différence, mais dans le vécu c'est très proche.

J'ai eu la chance de vivre des transes qui ont duré plusieurs heures, et m'apportant une telle sérénité et un tel bien être que mon timer avait beau sonner toutes les 20 minutes, je ne suis sorti de l'expérience qu'*au moment où je me sentais bien,* en phase et prêt à revivre dans le 'conscient'.

Vous aurez souvent des réactions communes parmi vos clients. En effet si vous leurs parler des transes profondes, il y a de forte chance qu'ils vous demandent s'ils n'ont pas le risque de ne pas revenir.

C'est une croyance courante en hypnose et elle est encore plus forte dans le monde des H-Ultras. La première fois où j'ai fait une vidéo sur l'état Esdaile, c'était suite à un papier qui s'était diffusé sur le net.

Sur le papier une personne reconnue dans le monde de l'hypnose médicale lâchait son fiel suite à un problème qu'avait eu un hypnotiste de scène chez nos cousins du Québec.

En effet un jeune pratiquant avait hypnotisé une adolescente qui n'était pas 'revenue' et ils avaient dû la transporter à l'hôpital où elle s'était éveillée plus tard.

Les mots de cette référence en hypnose médicale m'avaient particulièrement marqué parce qu'il dénonçait une fois de plus le fait que l'hypnose était dangereuse et qu'il ne fallait pas faire n'importe quoi.

Il exprimait l'idée que le sujet d'une transe pouvait toujours en sortir. Qu'il suffisait de suivre la voix et les suggestions d'émerge de l'Hypnotiste ou Hypnothérapeute

C'est par ces mots même, **renier l'existence des transes profondes** et faire croire que des spécialistes comme Sichort étaient des incompétents dans leurs disciplines.

A sa décharge ce praticien émérite est issu de l'hypnose médicale et comme je vous le soulignais précédemment, hypnose issue de l'Ericksonien.

Malheureusement beaucoup de praticiens actuels de cette superbe méthode ne voient dans son style qu'une méthode conversationnelle dans laquelle les niveaux n'existent pas.

Qu'un badaud ou un néophyte ait une méconnaissance de cela ne me dérange pas, par contre dans un monde où *toutes les connaissances sont à disposition*, je suis surpris de lire cela.

Cette histoire nous montre effectivement qu'il est possible de descendre dans des états dont *il faut un certain temps pour revenir*. Une chose qui est sûre, **tout patient reviendra et sortira de cette transe.**

Il suffit pour le praticien de connaître les procédures. En effet, dans un état Esdaile il y a de forte chance que le client ne souhaite plus vous écouter et pour cela il y a quelques mots à connaître, c'est une menace :

'Je vais compter de 1 à 5 et à 5, tu ouvriras les yeux et tu seras en pleine forme. Si tu ne m'écoutes pas, je vais faire en sorte que plus jamais, à aucun moment et par aucun moyen tu ne puisses retourner dans le même état de bien être.'

Cela fonctionne très très bien avec l'état Esdaile, et pour avoir la chance de le faire souvent, toutes les variations du genre fonctionnent.

Il est vrai par contre, que pour l'état Sichort, même son découvreur était un peu perdu la première fois. Maintenant si c'est le cas et pour ma part ça ne m'est jamais arrivé, restez complètement zen, votre client va revenir.

L'intérêt de se renseigner ou d'étudier les H-Ultras, nous permet de faire à toutes les séances les processus qui nous laissent un fil d'argent entre nous et le partenaire.

Votre client sera donc **le maître de sa séance** à un moment donné, il est important de bien faire votre anamnèse avec lui, et qu'il prenne bien conscience de ce qui est vraiment son but, ses envies et ce qu'il attend de lui dans ses fibres et son corps.

S'il y a une partie pour laquelle vous devez rester vraiment attentif, c'est **cette création d'objectif.**

Nous allons rapidement faire un tour des différents points préparatoires à garder en tête quand vous allez travailler en H-Ultra.

Chapitre 5 : Les Points Clefs d'avant Transe

Je vais reprendre des éléments qui sont mis en avant dans le cadre de l'Hypnose Elmanienne.

a) Pretalk

Le pretalk est un moment clef pendant lequel vous devez absolument **retirer toutes les peurs et croyances limitantes de votre partenaire.** Cette phase va vous permettre de mettre en place les différents éléments qui auront lieu durant la séance.

Si vous avez envie de travailler dans des conditions bien plus complexes que celles de votre cabinet, je vous conseille de proposer *des soirées Hypnose* dans votre quartier où auprès de vos amis. Vous aurez ainsi l'occasion de voir les différentes réactions et les peurs que peuvent susciter l'hypnose et encore plus les transes profondes. C'est un exercice qui donne rapidement des résultats.

L'autre façon de faire est de partir faire de l'**hypnose de rue**. Vous n'avez pas besoin de pratiquer pour travailler votre pretalk. Allez dans un café, un parc, un bar et allez vers des groupes de personnes pour leur parler d'hypnose. Vous aurez à faire *les plus ardus* des pretalk.

En effet, allez vers des personnes qui n'ont jamais fait la démarche de se renseigner, de découvrir ou de s'interroger sur cette discipline va vous proposer des réactions inattendues. Vous sortirez dès lors de votre zone de confort du cabinet et vous devrez présenter rapidement et clairement ce qu'est cette méthode.

Plus vous aurez des réponses surprenantes, plus vous allez vous faire des armes aiguisées pour répondre aux peurs de vos clients.

Le pretalk a un but ultime : **Retirer toutes les peurs de vos partenaires.**

Pour Jerry Kein qui est le grand maître de l'Hypnose Elmanienne, **la PEUR est le seul et unique élément qui peut empêcher une personne de descendre dans sa transe** et par extension d'aller dans des états profonds.

C'est d'ailleurs le cas chez de nombreux praticiens en hypnose qui ne sont jamais allés dans des transes par crainte que le subconscient ne les submerge de trop.

Quand le subconscient commence à parler et à s'exprimer, il y a de nombreuses choses qui se passent et de nombreux traumatismes qui peuvent ressurgir. Et ce n'est pas forcément ce que le conscient estime comme le meilleur moment pour s'exprimer.

En Hypnose Elmanienne, il y a un point qui est déterminant : **l'accord initial.**
Cet accord est le suivant :

- Vous vous engagez en tant que Praticien à faire 50% du travail.
- Le Client s'engage à faire sa partie du travail c'est-à-dire les 50% qui restent.

Si le client qui vient en cabinet n'est pas dans cette dynamique, dans ce style d'hypnose, alors **nous ne cherchons pas à lui faire du conversationnel ou lui détourner ses résistances...** nous le remercions et nous l'accompagnons à la porte.
La raison est simple, lorsque nous nous engageons dans un processus thérapeutique, il est **indispensable de nous investir** et de prendre nos responsabilités. Il est nécessaire que les clients avancent avec nous, *main dans la main*, pour atteindre l'objectif et pas qu'ils se mettent en tête que le praticien est un magicien avec une baguette magique.
Kein rappelait qu'il y a quatre attitudes mentales possibles vis-à-vis des suggestions proposées, de la part d'un client :

1) J'aime cette suggestion et je sais qu'elle est bonne pour moi.
2) Je ne sais pas trop, je ne pense pas que ça me corresponde.
3) Pourquoi pas, cette suggestion n'a pas d'importance pour moi.
4) J'aime cette suggestion et j'espère qu'elle fonctionnera.

Les 50% de Travail de votre partenaire consistent à ne **garder en tête que la première attitude mentale** :

- **J'aime cette suggestion et je sais qu'elle est bonne pour moi.**

Vous pouvez passer à une autre étape uniquement lorsque vous avez l'assurance que le client est en pleine confiance avec vous et qu'il a compris l'attitude qu'il doit mettre en place pour le succès de sa séance.

b) Anamnèse

Qu'importe l'école d'hypnose dans laquelle vous êtes allé, vos professeurs vous ont enseigné **l'art de la question** pour bien définir l'objectif de séance et ce qui pose réellement problème.

C'est un plus intéressant dans l'H-Ultra, en effet vous êtes déjà en train de proposer au subconscient des choses qu'il souhaite voir, observer et traiter. Avant même que la séance de transe thérapeutique ait 'consciemment' débuté.

Durant cette prise d'objectif, laissez lui prendre un moment pour qu'il sache quel élément il souhaite vraiment faire changer. Il va pouvoir écrire, s'il le souhaite, différentes suggestions qu'il pourra utiliser quand il sera dans l'H-Ultra.

Avec le temps j'ai constaté que les clients qui se retrouvent dans les H-Ultras, *ne restent pas nécessairement sur les objectifs de départ*. Je ne peux pas dire si c'est pour une raison de fuite ou si simplement, le subconscient à ce niveau trouve d'autres priorités.

Par contre, ils ressortent toujours avec la sensation que quelque chose a bougée.

Une fois l'Anamnèse terminée il suffit de passer sur les différentes inductions.

Un dernier point auquel il est important de prendre attention est **l'attente excessive** que peuvent avoir certains clients.

On pourrait croire qu'une personne qui est en attente d'une séance ou de vivre des choses incroyables sur une session d'hypnose puisse aller facilement dans des états profonds.

Ce n'est pas toujours le cas. En effet, il arrive que leur attente **leur impose un résultat.** Ils souhaitent vivre des choses *incroyables*, ce qui empêche le lâcher prise. Leur facteur critique reprend rapidement de la distance sur la suggestion.

Le partenaire entrera en transe, néanmoins il n'atteindra que rarement des phénomènes de niveau 4 à 6.

Chapitre 6 : Les Inductions

En Hypnose Elmanienne, nous prônons l'idée qu'il est important que **l'induction soit courte.** Un client qui vient pour une séance d'une heure, ne doit pas perdre 10-15 minutes pour une simple induction qui ne propose pas réellement de solution curative.

Nous utilisons donc plutôt des inductions rapides voire installées.

Il y a une grande *méconnaissance* de ce type d'induction trop souvent assimilé à l'hypnose de scène. Et il est normal d'estimer dans ce cas qu'elles n'ont pas leur place en cabinet.

Pourtant aux USA, la grande majorité des hypnothérapeutes utilisent des inductions rapides pour entraîner leurs patients en transe. Pour ma part, je n'utilise que ce type d'induction et aucun de mes clients ne s'en est jamais plaint, en plus ils ont l'image de l'instant comme **un 'convincer'** c'est-à-dire d'un outil destiné à leur confirmer qu'ils font de l'hypnose.

J'ai la conviction que l'on peut apprendre à *n'importe qui à faire de l'Hypnose et mettre en transe en une demie heure,* par contre ce que nous cherchons, nous praticien, ce n'est pas de mettre en transe, mais de proposer une thérapie.

Parmi l'infinité de choix qui existe en terme d'inductions, j'en utilise particulièrement deux.

- La prétest induction
- La Elman induction

1) La Pretest Induction

Vous avez simplement à faire un prétest tel que les mains magnétiques ou le ballon/ poids.

C'est un prétest très simple, il vous suffit de **lier vos suggestions à une focalisation interne** comme le souffle, les battements de coeur...

Après 30 secondes ou une minute, il vous suffit d'interrompre le pattern, en baissant les bras par exemple et d'induire le : DORS.

Il vous suffit d'utiliser les approfondissements par la suite.

2) La Elman Induction

C'est certainement l'induction la plus utilisée au monde. Elle a un intérêt tout particulier dans le présent ouvrage et dans votre démarche pour entraîner vos partenaires en H-Ultra.

En effet, cette induction est particulièrement bien étudiée pour faire descendre nos clients à un **niveau Somnambulique**.

Voici un résumé de la technique :

- Utilisez le 'to Pretend' (Faire comme ci).

- Faites fermer les yeux et coller les paupières comme si le client avait 5 ans >> Catalepsie Mineure Niveau 1 NGH

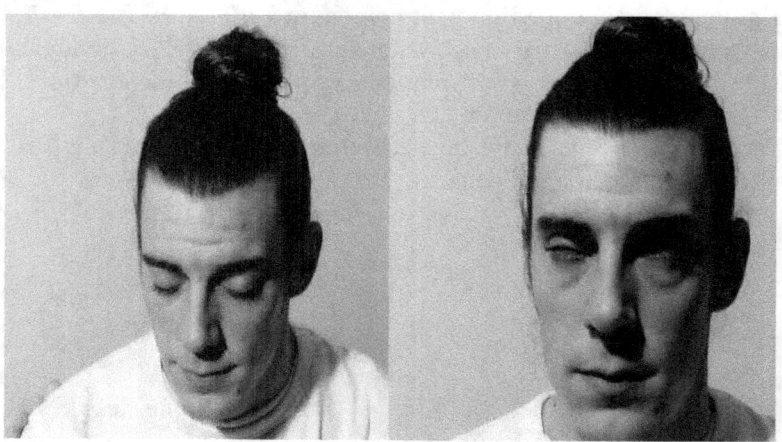

- Faites un fractionnement Yeux Ouverts/ Fermés >> Approfondissement

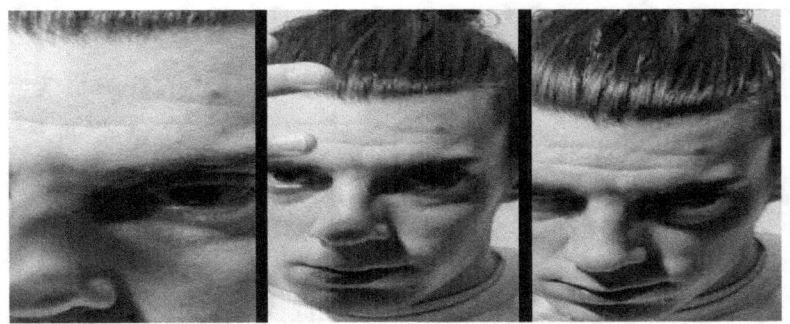

- Levez et Lâchez la main >>> Approfondissement

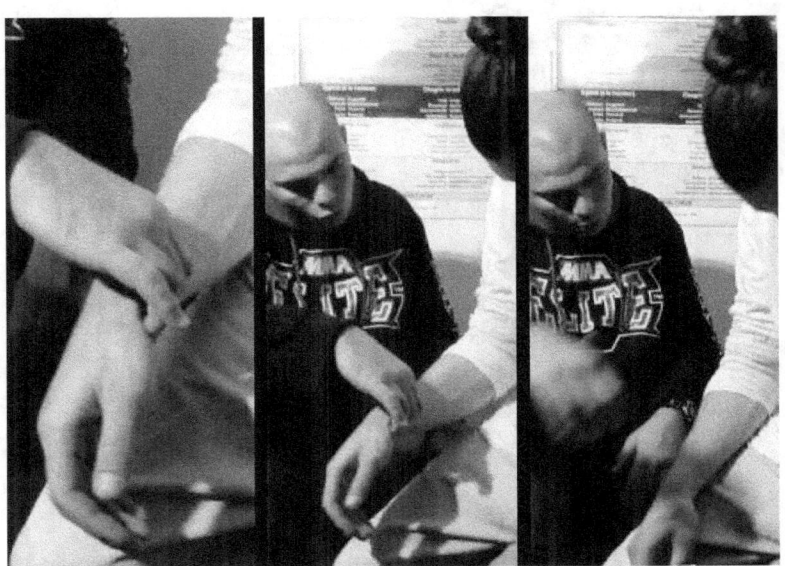

- Main sur l'épaule avec la suggestion de relaxation >> Approfondissement

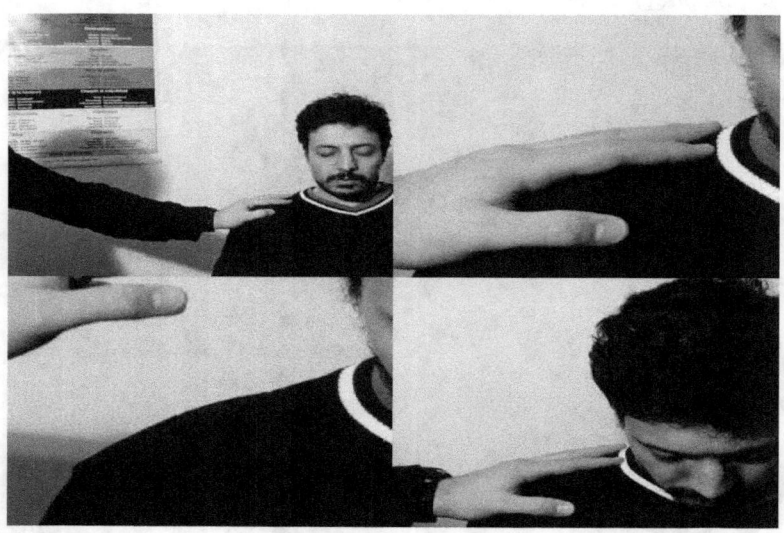

A cette étape, nous pouvons ajouter, si nous le souhaitons, d'autres approfondissements.

Une fois que vous observez la détente physique, vous pouvez passer à la seconde partie.

- Tableau de Compte à Rebours
- Faites décompter de 100 à 1 avec un doublement de l'état physique et mental entre chaque chiffre.>> Approfondissement
- Une fois que le client ne dit plus rien >>> Amnésie des Chiffres Niveau 3 NGH

A ce moment-là, le client est capable sur une simple suggestion de vivre une anesthésie : Niveau 4 de la NGH et le niveau Somnambulique du courant Elmanien.

Voilà donc pourquoi cette induction est tellement utile dans la démarche de H-Ultra. Il est nécessaire de **descendre à minima à ce niveau** pour commencer le passage dans des transes plus profondes.

Chapitre 7 : Direction l'état Esdaile

Vous ne pourrez pas entraîner un partenaire en Coma Hypnotique si vous ne l'avez pas au minimum entraîné au niveau Somnambulique.

Il y a un point important à souligner pour que vous puissiez **être serein dans votre pratique des H-Ultras**. Il y a de nombreuses personnes qui ne passent pas en Coma Hypnotique.

Comme je le disais précédemment, le niveau Esdaile était rapporté dès le 19e siècle, lorsque les états 'Ultras' ont été découverts, les praticiens qui les ont découverts travaillaient avec les comas.

Il se peut qu'ils aient formalisé leurs méthodes en passant via cet état. Pourtant sur la pratique que j'ai pu avoir, **certaines personnes ne passent pas en Esdaile**. Elles passent en Abysse ou en Évolution.

Une fois que le client est en somnambulique, pensez à mettre un ancrage.

Je conseille le mot : **étoile**.

Cet ancrage aura une véritable importance ultérieurement.

Procédure Etat Esdaile

Voici la procédure pour permettre à votre partenaire de descendre en Esdaile.

1- Expliquez qu'à partir de ce niveau 'étoile' vous allez passer **3 autres étapes**.

D'un point de vue sémantique, vous pouvez parler de niveau ou d'étage, par contre il y a quelques personnes qui ont *peur de descendre*. Le mot étape, dès lors, laisse le libre de choix de monter ou de descendre.

2- Expliquez que c'est très simple et qu'il suffit de doubler l'état de relaxation physique et mentale à chaque niveau. Voici ce qui est habituellement utilisé :

'Nous allons passer trois nouvelles étapes et pour cela c'est très simple, ces étapes vont se nommer étape A - B et C.

Pour arriver à l'étape A, il suffit de doubler l'état de relaxation physique et mental de votre état actuel et de dire 'A' une fois que vous y serez, puis pour arriver à l'étape B, il suffit de doubler l'état de relaxation physique et mental du niveau A et de dire 'B' une fois que vous y serez et enfin pour atteindre le niveau C il suffit de doubler l'état de relaxation du niveau B.'

Il est important de **prévenir le client** qu'il est possible qu'il ne parvienne pas à prononcer les Niveaux. Cela peut sembler un détail, cependant il s'avère que l'une des fois ou j'ai proposé à Ody de vivre l'expérience de l'état Esdaile, elle a eu un coup de panique au niveau B.
En effet, elle sentait qu'elle ne pouvait plus parler librement et cela lui a apporté une grande anxiété, elle est alors retournée dans un état somnambulique et il n'était plus possible de lui proposer d'y retourner dans l'instant.

3- Commencez l'accompagnement vers le niveau A. Dave Elman utilisait l'ascenseur pour faire 'descendre' ses patients. C'est à votre choix, je vous conseille de demander pendant le pretalk ou l'anamnèse si la descente n'est pas un problème.
'Nous allons passer, dans quelques instants, vers le palier A simplement en doublant l'état de relaxation physique et mental que vous vivez actuellement.'
C'est très simple vous allez imaginer un ascenseur (s'il est d'accord) et vous laissez emporter vers ce niveau tout en vous relaxant en deux fois plus, physiquement et mentalement. Une fois arrivé à ce niveau, vous pourrez essayer de dire 'A', si vous ne le dites pas d'ici quelques instants, j'estimerai que vous y êtes déjà.'
Vous pouvez facilement orienter votre partenaire, soyez clair, simple et précis. Les mises en transe H-Ultra sont très simples à mettre en place. Ne complexifiez pas votre démarche. C'est un des atouts de l'hypnose Elmanienne, faire simple autant qu'on le peut.

4- Entraînez de la même façon au niveau B. Il arrive très souvent que ce soit à partir de ce moment là que votre partenaire peut commencer à ne plus émettre de son.

'C'est très simple vous allez reprendre et vous laisser emporter vers ce niveau tout en vous relaxant deux fois plus, physiquement et mentalement. Une fois arrivé à ce niveau, vous pourrez essayer de dire 'B', si vous ne le dites pas d'ici quelques instants, j'estimerai que vous y êtes déjà.'

5- Enfin entraînez votre client vers le niveau C.

'Vous allez reprendre une dernière fois cet ascenseur pour vous diriger vers le niveau C, il suffit de doubler l'état dans lequel vous êtes actuellement. Vous allez vous approchez d'un état de bien être vraiment intense. Vous allez vous laisser porter vers ce niveau C, de la façon la plus incroyable et de la plus positive possible.'
Vous allez pouvoir **ancrer le mot 'Comète'** à cet état. Puis vous allez vérifier si votre partenaire possède bien les critères de l'Etat Esdaile :

1/ Soulevez les bras et les jambes de votre partenaire pour voir si une catalepsie est possible, sans proposer la moindre suggestion. Si c'est le cas c'est un état dit catatonique typique de l'état Esdaile (Voir Photo ci-dessous*)* qui est parfois remplacé par un état de grand relâchement. Il est impossible de faire faire la moindre catalepsie au partenaire.

2/ Proposez un émerge de 1 à 5 pour voir si votre partenaire revient de sa transe. S'il reste dans le même état c'est un critère de plus pour valider le Coma Hypnotique.

3/ Testez l'anesthésie en pinçant la main de votre partenaire. Il y a de forte chance qu'il n'y ait pas de réaction.

Si votre partenaire rassemble ses trois critères, il y a de forte chance que votre partenaire soit bien arrivé dans un état de Coma hypnotique.

Conclusion

Si votre partenaire ne répond pas aux différents critères et très souvent c'est l'état catatonique, cela n'a aucune importance. Vous pouvez ancrer cet état avec le mot 'comète' et passer à un autre niveau de profondeur. L'expérience m'a fait découvrir que **cela n'empêche nullement l'atteinte du niveau Abysse ou du niveau Évolution.**

D'ailleurs, si votre partenaire est déjà complètement détendu, qu'il ne revient pas avec l'emerge et reste tout de même anesthésié, il est très proche de l'état Abysse.

Chapitre 8 : Un choix à faire : Abysse ou Évolution.

L'expérience a montré que certaines personnes sont plus aptes à partir en Abysse et d'autres en Évolution.

Vous allez rapidement vous rendre compte qu'il y a des clients qui, par essence, éviteront de descendre en Abysse. *La descente les met mal à l'aise.* Ou inversement la notion d'expansion de conscience entre dans des croyances qui ne correspondent pas aux clients.

Dans la phase d'anamnèse vous allez pouvoir découvrir *les valeurs et croyances de votre partenaire.* Comprenez qu'une personne qui est dans le développement personnel, le travail sur la méditation ou qui fait du reiki par exemple, va préférer partir sur des transes 'Évolutions'.

Pour les utilisateurs des Ennéatypes (Si vous ne connaissez pas visitez : www.approchepearl.com), il y a également des transes adaptées aux personnalités. Voici ma vision actuelle sur le sujet, cette vision risque d'évoluer sur les années à venir :

- Les Partenaires d'Ennéatype 1 : Leur quête de perfection constante fait qu'ils se laissent plus facilement aller vers une détente complète, se donnant une permission de se relâcher en H-Ultra.

- Les Partenaires d'Ennéatype 2 : En général ils souhaitent faire 'plaisir' au praticien alors ils passeront assez facilement de l'un à l'autre. Par contre, d'un point de vue symbolique il est plus intéressant de leur faire une 'Évolution' pour qu'ils se connectent à une partie d'eux qu'ils pourront apprendre à écouter.

- Les Partenaires d'Ennéatype 3 : Plutôt dans une compétition constante, il arrive souvent que s'ils se laissent guider en H-Ultra, il passe dans des états de type plus abysses.

- Les Partenaires d'Ennéatype 4 : Dans une quête d'authenticité, leurs proposer une élévation de leur être pour les connecter à des dimensions lumineuses reste le chemin le plus adapté.

- Les Partenaires d'Ennéatype 5 : Une fois pleinement satisfait des informations que vous aurez pu leur proposer en anamnèse, ils se laisseront mener là où c'est le plus utile pour eux. L'ascension leur donnant une sensation de connexion à la bibliothèque universelle.

- Les Partenaires d'Ennéatype 6 : Dans un premier temps je m'imaginais que l'anxiété possible de ce type de personnalité allait se diriger vers l'Évolution.

En pratique, ce n'est pas le cas, ils trouvent un véritable apaisement dans des transes Abysses.

- Les Partenaires d'Ennéatype 7 : Il y a une grande capacité à éviter d'aller au cœur du problème avec ce type de personnalité. Après avoir constaté qu'ils développaient de nombreuses fuites dans leurs dialogues internes en Abysse, j'ai observé qu'ils obtiennent des résultats assez incroyables dans des transes qui les élèvent.

- Les Partenaires d'Ennéatype 8 : La recherche de force et de contrôle est une porte d'entrée intéressante pour les faire 's'élever'. Ils pourront y trouver une hauteur aux situations.

- Les Partenaires d'Ennéatype 9 : Dans leurs quêtes de spiritualité ils pourront facilement monter vers leur 'évolution'

On pourrait croire que la Transe Évolution est celle qui sera la plus utilisée. Seulement prenez bien en compte l'histoire de vie de vos clients. Pour ma part, je fais toujours passer par les deux étapes pour observer les réactions.

Vous découvrirez avec l'expérience que certains choisissent spontanément une des deux voies, sans que nous les ayons guidés vers cet objectif.

Chapitre 9 : H-Ultra Abysse

Une fois que vous avez ancré le mot 'comète', vous allez pouvoir continuer votre cheminement vers un H-Ultra différent.
Si votre partenaire est en Coma Hypnotique, prenez bien attention à le faire se relaxer. Il arrive que certaines personnes après avoir réalisé les tests catatoniques restent crispées. Les étapes qui suivent doivent permettre de relâcher clairement le corps de cette 'tension'.

Procédure pour H-Ultra Abysse

Phase 1- Expliquez que vous allez continuer le voyage vers **la source même de toute relaxation** et qu'il faut dans un premier temps demander à l'inconscient son aide pour continuer.
' *Pour aller encore plus loin au cœur de vous même, je vais demander à votre inconscient, celui qui gère votre organisme, vos capacités de guérison, vos cellules.*
Inconscient, je vous demande de permettre à (Nom du client) de retourner dans la relaxation la plus profonde qui soit. Dans la relaxation d'origine, celle de vos cellules à l'origine de votre vie.
' Cette aide est importante pour bien passer une étape. En Hypnose Elmanienne il y a une différence entre le subconscient et l'inconscient.
En effet, le subconscient inclut les mémoires à long terme, les émotions, la partie de nous qui nous 'protège'. L'inconscient est ce qui permet à notre corps de fonctionner et qui gère les fonctions vitales de l'être.
Le fait de demander à l'inconscient permet d'offrir une nouvelle voie d'accès, vers quelque chose de plus profond.

Phase 2- Proposez **d'accueillir** cet état de profonde relaxation. Comptez de 1 à 10 et impliquez votre client dans cette démarche d'accueil.
'*Je vais compter de 1 à 10, entre chaque chiffre vous allez doubler votre état de relaxation pour retourner petit à petit dans la détente d'origine cellulaire.*
1/ Vous doublez votre relaxation et petit à petit vous accueillez de plus en plus cette capacité à entrer dans cette détente profonde.

2/ Laissez cette sensation, cette énergie extraordinaire qui vous connecte de plus en plus avec cet état d'origine de vous-même.

3/ Vous doublez et accueillez de mieux en mieux cette sensation profonde et agréable.

4/ Petit à petit vous savez qu'à 10 et à 10 seulement vous entrerez dans un état extraordinaire.

5/ Doublez encore votre relaxation, laissez-vous aller le plus profondément et accueillez cette sensation merveilleuse.

*6/ Vous pouvez imaginez que vous pénétrez au plus profond de chacune de vos cellules comme pour retrouver **votre programme d'origine.***

7/ Vous accueillez de plus en plus facilement cet état de profond relâchement, vous allez entrer en connexion avec ce qui est le plus originel en vous, le plus profond et le plus puissant pour une transformation de vous même.

8/ Vous avancez vers cette partie de vous et vous savez que vous serez capable de la reprogrammer à votre convenance.

9/ Accueillez cet état de pleine et complète relaxation.

10/ Vous êtes dans cet état de parfaite relaxation, l'état le plus extraordinaire et merveilleux dans lequel vous êtes capable d'aller.

Phase3- Vérifier l'état Abysse de votre partenaire.
 - Relaxation absolue des membres. Faites **attention à la nuque** qui parfois se relâche complètement.
- Le ventre est complètement relâché, vous pouvez tester en y enfonçant la main (en séance évitez)
- L'anesthésie, comme avec le coma, se fait sans suggestion, on constate une anesthésie totale du corps.

Phase 4- Faire un Ancrage en utilisant le mot '**Diamant'**
A partir du moment où votre partenaire est dans un état Abysse, vous pouvez très bien ne rien faire. Le client est en rapport avec les parties les plus profondes de lui-même.

Vous pouvez utiliser quelques outils, quelques métaphores et quelques orientations. D'expérience on s'aperçoit que le partenaire **ne prend que les informations qui l'intéresse.**

C'est un point essentiel à prendre en compte, en effet, le client nous entend plus ou moins mais reste surtout dans *sa propre dynamique de changement.*

Cela signifie qu'il reste en lui pour trouver les solutions et se reprogrammer.

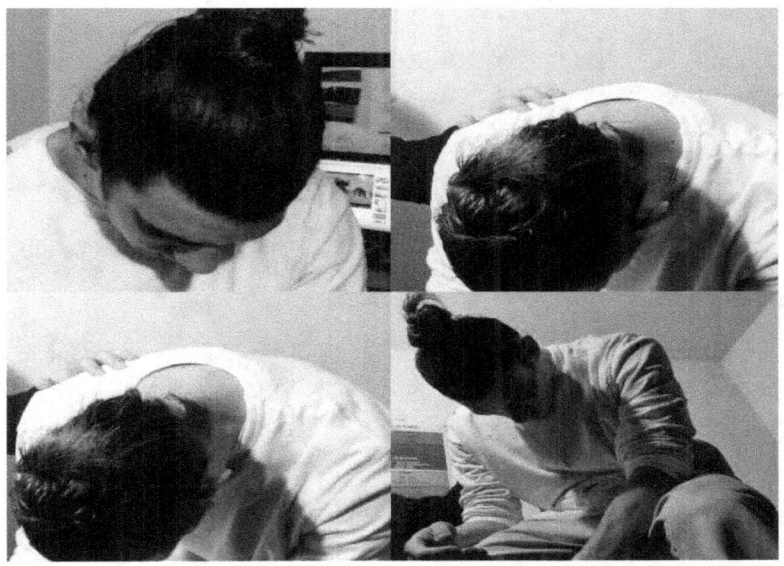

Outils

Voici quelques outils que vous pouvez utiliser, certains sont proposés par James Ramey, nous les utilisons dans toutes les écoles, et il y a de bons retours dessus.

A/ L'ordinateur

Comme vous avez proposé l'image de retourner dans les cellules, dans les cellules initiales de l'être, vous pouvez lui faire imaginer qu'il est **aux commandes de son ordinateur intérieur** et qu'il peut **reprogrammer** tel qu'il le souhaite son être.

B/ Le Scanner

Lorsque vous avez des clients qui ont des **problématiques physiques**, le principe du scanner est une idée simple et efficace.

A ce niveau-là vous faites scanner son corps pour voir les points qui semblent dissonants, puis demander à ses cellules de se diriger vers une guérison, un bien être ou en tout cas une amélioration.

Une fois que c'est fait, vous allez demander qu'il fasse un nouveau scan du corps pour que votre client puisse vérifier et faire ceci jusqu'à ce que le scan soit neutre.

Cela peut durer un certain temps et il faut complètement l'accepter surtout si la personne souffre depuis longtemps.

Conclusion

Les niveaux Abysses apportent une grande relaxation pour la plupart des personnes qui vivent pour la première fois cet état, il se peut que cela soit la plus grande sensation qu'elles aient vécue.

Un ami sophrologue me disait que, pour lui, **la clef de la guérison était la relaxation.**

Je pense qu'il y a une *parcelle de vérité* dans ses mots. Et la possibilité de se retrouver dans un état dans lequel le client puisse totalement se déconnecter, pour être plus en phase avec lui-même.

Chapitre 10 : H-Ultra Évolution

Comme je le précisais précédemment vous pouvez amener vers le haut ou vers le bas, à votre convenance, après être passé par l'état Esdaile. L'Ultra Évolution se rapproche d'une forme plus spirituelle d'hypnose.

Bien plus qu'en Transe Abysse, dans laquelle nous allons vers une forme *'d'endormissement'* de l'être ou en tout cas celui du conscient, en 'Évolution' la conscience est en expansion.

Pour donner facilement un repère, Christine qui m'aide sans relâche avec HnO, vit des transes somnambuliques dans lesquelles tous les sons autour lui semblent lointains, elle arrive à fixer facilement la voix de l'opérateur et suivre les suggestions.

Par contre, quand elle est dans des Transes Évolutions, tous les sons lui semblent décuplés, elle est plus sensible à tout ce qui l'entoure que ce soit au niveau du son ou des autres sens.

C'est comme si sa *'conscience'* s'ouvrait à davantage de possibles et offrait une capacité supérieure à celle habituellement vécue.

Dans cette phase nous allons reprendre les ouvertures de conscience que l'on peut habituellement voir dans l'excellent travail d'Hyperempiria.

Restez toujours très simple dans votre démarche, vous pourrez faire évoluer à votre convenance. Gardez en tête une chose, vous êtes libre en Hypnose, vous pouvez créer ce que vous souhaitez, à partir du moment où vous avez compris les bases de votre système.

Procédure de H-Ultra Évolution

Phase 1 - Depuis le Coma Hypnotique proposez la possibilité d'aller vers une prise de conscience plus grande, d'une expansion de la transe dans laquelle votre client se trouve.

'Dans quelques instants vous allez faire s'élever votre être vers un état de bien être extraordinaire. Pour ce faire je vais compter de 1 à 10 et vous allez petit à petit élever votre conscience.

Vous pouvez imaginer que ça va être une rencontre, une rencontre entre l'esprit (le subconscient) et l'âme (le supraconscient).

1- Vous allez laisser votre transe prendre sa juste place, en la laissant emplir la pièce.

2- Vous allez vous retrouver dans un état de bien être extraordinaire, vous allez entrer en contact avec une partie de vous.

3- Vous pouvez imaginer que vous êtes déjà au-dessus de cette pièce, de ce bâtiment, peut être déjà au-dessus de la cime des arbres.

4- Plus votre esprit (Subconscient) s'élève et plus votre perception devient sensible à tout ce qui se passe autour de vous.

5- A 10 vous parviendrez à un état de bien être et de re-connexion extraordinaire. Imaginez que vous montez de plus en plus que vous voyez la ville, la région, voire le pays, de plus en plus petits.

6- Vous sentez cette perception spirituelle devenir de plus en plus palpable, vous pouvez même imaginez un rayon de lumière qui vous attire de plus en plus vers le haut.

7- Votre transe embrasse la planète, le tout, la nature, vous vous connectez avec le tout et vous vous rapprochez de plus en plus de votre âme (supraconscient).

8- Au travers de ce rayon de lumière vous vous allégez, vous allez créer ce lien avec vous-même, avec cette partie la plus élevée de vous-même.

9- Dans cet état vous entrerez en communication avec une partie de vous, une partie de tous les possibles.

10- Vous ne faites plus qu'un avec votre âme (supraconscient).

D'ordinaire vous n'avez pas nécessairement besoin de faire plus.
Prenez un instant pour vérifier si votre partenaire est en H-Ultra Évolution :

- Visage apaisé.
- Le corps s'est redressé comme attiré par le ciel.
- Anesthésie générale (évitez de le faire, ces moments sont intenses pour la personne qui vit cet instant).

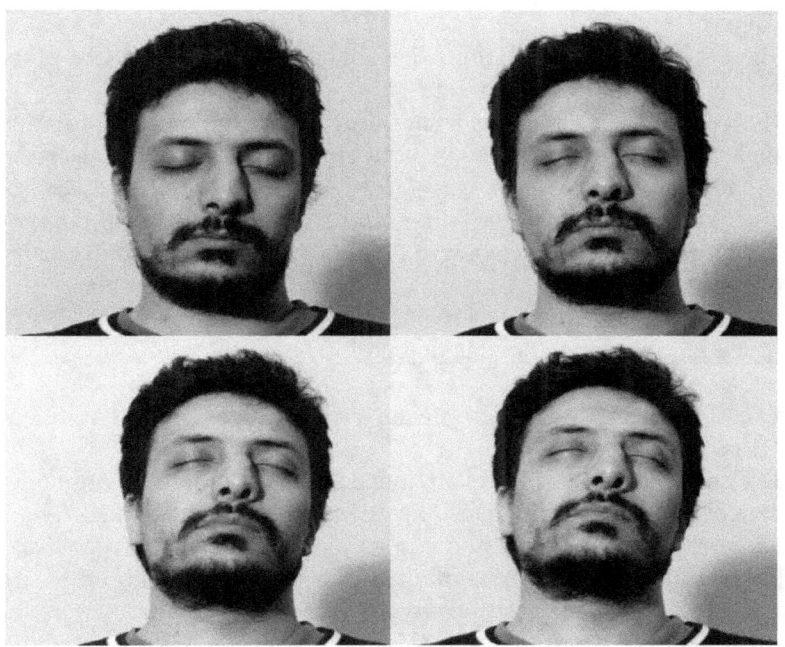

<u>Outils</u>

<u>1/ Les guides ou anges-gardiens</u>

C'est un outil que j'utilise beaucoup dans ce genre de transe. C'est un excellent moyen d'apporter des réponses aux clients.
Certes, tout se passe d'un point de vue symbolique et vous verrez que les résultats sont assez extraordinaires.

Voici une façon de faire possible :

'Dans quelques instants vous allez voir apparaître un être humain ou imaginaire, un personnage ou un animal. Il représente un de vos guides. Vous allez pouvoir entrer en contact avec et obtenir des réponses ou des orientations possibles.
Prenez un instant pour vous et cette rencontre, elle vous appartient.'

2/ L'énergie de l'âme (supraconscient)

J'avais étudié cette technique dans le cours de 'between life' et je la trouve vraiment intéressante.
Il est possible de demander à une partie supérieure de soi de fournir de la force et de l'énergie à la partie de subconscient (ou l'esprit).
' *Dans quelques instants, vous allez pouvoir entrer encore plus en lien avec votre âme, cette force infinie et bienfaitrice qui pourra apporter d'avantage d'énergie et de pouvoir de guérison à votre corps et à votre esprit.* '

C/ Le laboratoire ou la zone de guérison

C'est un élément que Jerry Kein propose dans ses sessions en Ultra.
Il s'en sert pour ses clients atteints de maladies lourdes comme le cancer et pour les aider dans leurs démarches de guérison.
Je vous propose une version un peu modifiée pour que vous ayez les grandes lignes, faites confiance à votre imaginaire après.
' *Dans quelques instants vous allez pénétrer dans une zone de guérison, c'est un lieu dans lequel vous allez nettoyer votre subconscient et votre corps.*
Dans cette zone vous allez pouvoir vous poser sur un superbe sofa.
Au-dessus de votre tête va apparaître un petit soleil plein de lumière et sous vos pieds un petit nuage blanc de la taille d'un ballon de basket.
Vous allez voir et ressentir un rayon de soleil au travers de votre corps qui va purifier et nettoyer tous les maux physiques et psychiques de votre être.
Une fois arrivées à vos pieds toutes les douleurs et impuretés vont passer dans ce nuage blanc et filtrer tous les maux.
Laissez ces rayons continuer ce travail jusqu'à ce qu'il n'y ait plus rien à filtrer. '

Conclusion

Dans ce type de transe je vous conseille de laisser un certain temps à votre client pour vivre pleinement ce qu'il a à vivre. En effet, il y a une perception assez mystique des choses dans cet Ultra. Il y a comme des retrouvailles avec une partie parfois oubliée de nous-mêmes.

Chapitre 11 : L'emerge

Pour ramener notre partenaire dans son état de 'conscience', vous allez pouvoir utiliser **les ancrages** que vous avez mis en place.

En effet vous lirez dans certains manuels que nous ne pouvons pas faire émerger un client qui vit un Esdaile et par extension un H-Ultra.

J'ai eu la réflexion d'un apprenant qui me disait que Erickson mettait un fusible en disant *'qu'importe l'état dans lequel tu te trouveras, tu pourras toujours entendre ma voix'* cette formule est intéressante mais souvent inutile.

Dans les H-Ultras, nos partenaires nous entendent, ce n'est pas le problème.

Soit ils ne veulent pas revenir parce qu'ils sont dans un état qui leur convient.

Soit ils mettent énormément de temps pour répondre à la suggestion proposée.

L'utilisation des mots ancrés à chaque niveau de transe est le moyen le plus simple et le plus sûr pour obtenir un retour simple et rapide de vos clients.

Voici une procédure que vous pouvez adapter à votre façon de faire.

'Dans un instant nous allons retourner dans l'ici et le maintenant, je vais vous ramener au niveau 'Étoile'. Quand je dirais ce mot à trois reprises, automatiquement vous retournerez à un niveau où il est facile de suivre mes suggestions.

*Étoile, étoile, étoile, maintenant vous allez revenir dans l'ici et maintenant, je vais compter de 1 à 10 (*Utilisez un décompte long*) et à 10 vous ouvrirez vos yeux plein de force et d'énergie'*

Chapitre 12 : D'autres façons d'atteindre les H-Ultras

Le principe d'ancrage à chaque niveau de profondeur est une chose plutôt extraordinaire.

En effet, il est possible de travailler sur **un fractionnement particulièrement puissant** avec ces ancres.

Une fois que vous êtes parvenu à atteindre le niveau somnambulique et le coma hypnotique, vous avez la capacité de fractionner avec ces deux états. Cela signifie que vous allez utiliser le mot **'étoile'** et le mot **'comète'** pour obtenir des résultats puissants.

De ce fait, il sera d'autant plus facile de partir sur les Ultras Évolutions ou Abysses.

Voici une procédure simple que vous pourrez transformer à votre convenance.

Il y a une chose que vous pouvez garder en tête. Si votre partenaire ne descend pas tout à fait en coma hypnotique, que certains critères ne sont pas validés, vous pouvez tout de même poser votre ancre.

Une chose est certaine, cela permettra un **fractionnement puissant.**

' Maintenant que vous êtes au niveau 'Comète' nous allons faire un voyage encore plus incroyable, cette comète va retourner vers l'état étoile... étoile... étoile... vous allez respirer profondément, puis vous laisser porter sur cette comète... comète... comète... **(vous observerez facilement que votre patient va passer d'un état à un autre - plus ou moins rigide-)**

Ces va et vient de la comète vers l'étoile ...étoile.. étoile deviennent de plus en plus entraînants...

Vous allez sentir votre être, votre corps et votre esprit : s'élever ou plonger **(faites le choix en fonction de ce que vous souhaitez).**

Vous découvrirez de nombreux moyens et métaphores pour jouer avec vos ancrages. Faites-vous confiance et surtout croyez en la capacité de vos partenaires.

L'autre façon de proposer les H-Ultras est en passant la voix indirecte :
Je ne suis pas un fervent adepte des travaux indirects que je laisse à mes amis Ericksoniens. J'ai en revanche la chance de connaître des praticiens compétents dans le domaine et notamment Daniel Goldschmidt qui est un spécialiste de la discipline.
Lui qui travaille également avec des transes profondes m'a confirmé que Milton Erickson était un adepte de ce type de transe. Pour sa part, Daniel a trouvé une façon de faire que je trouve vraiment très chouette.
Cette méthode demande un peu plus de temps, néanmoins comme toute hypnose indirecte, elle peut sembler plus douce pour certaines personnes.
N'oubliez pas notre objectif est de nous adapter à nos patients.
Voici la métaphore qu'il met en place.

Etape 1 : Le Jardin

Faites imaginer à votre partenaire qu'il est dans un jardin, ceux que l'on peut trouver dans le sud, un jardin qui a plusieurs étages.

Etape 2 : Passage au Jardin Esdaile

Une fois que vous avez bien fait vivre votre partenaire dans la beauté du jardin, faites-lui passer un portail afin d'aller dans les différentes étapes du Coma Hypnotique.
Vous pouvez jouer avec des arbres ou des fleurs pour marquer les étapes avec une image du genre :
Dans cette partie de votre jardin intérieur vous allez voir qu'il y a trois grands arbres à une certaine distance les uns des autres. Vous allez prendre le temps d'aller toucher le premier, c'est une quête, un voyage, vous allez pouvoir vous sentir de plus en plus en paix, de plus en plus en vous...

Et vous le faites en 3 temps ce qui vous permettra de l'entraîner dans une transe plus profonde.

Etape 3 : Le jardin Caché

Je ne sais pas exactement comment Daniel fait pour les Ultras à ce niveau, vous pouvez continuer en expliquant qu'il y a une partie secrète, une partie proche d'un paradis.

Et dans ce cas vous pouvez, soit jouer sur le fait de monter vers ce paradis, ou de retourner vers la forme d'origine de votre être dans ce jardin...

Là encore vous savez que vous êtes libres des métaphores.

Pour ma part, la version Elmanienne me permet de plus facilement savoir où je me trouve.

Chapitre 13 : Que faire avec des H-Ultras ?

Il est normal de se poser la question sur l'utilité de cet outil. Nous sommes des praticiens d'hypnose et nos différentes écoles offrent de **nombreuses possibilités** pour traiter les maux et les douleurs de nos clients.

Quand j'ai découvert l'état Esdaile, je n'en voyais clairement aucune utilité, exceptée une seule, celle de calmer les personnes avec des douleurs très fortes et constantes.

Je me souviens d'un échange que j'avais eu avec Lee Pascoe sur le sujet et qui me disait qu'à la NGH beaucoup souhaitaient en trouver une utilité technique.

Elle me disait qu'il y a deux ans, une dame avait mis totalement en Esdaile un partenaire en ne laissant qu'une main en somnambulique pour qu'il réponde aux questions au travers d'**un signaling**.

J'avais trouvé la technique intéressante, seulement je me suis dit que la communauté de l'hypnose est tellement ancrée dans ses croyances qu'elle reste de ce fait réservé sur la façon d'aborder certains sujets, *les états Ultras étant pleins de croyances limitantes*.

J'étais persuadé que nous pouvions avoir des résultats avec ce système. J'ai pendant une période, proposé à tous mes clients le niveau Esdaile. J'ai vu **des résultats positifs** sur des problèmes tant physiques que psychiques, et ce, sans la moindre suggestion de ma part. Comme si cet état se suffisait à lui même et permettait d'ouvrir des portes dans le subconscient pour obtenir des résultats positifs.

C'est ainsi que des **facettes dépressives, des peurs ou des phobies**, des gros stress se sont évanouis de la vie de certains de mes clients. Il y avait, derrière une image qui se rapproche de ma croyance, le fait que chaque être humain a sa solution en lui et qu'il lui suffit de trouver son alignement juste pour sortir de son mal.

Avec le travail sur les deux autres H-Ultras, je suis **sorti des conventions** comme :

- Une personne en Ultra ne peut pas répondre aux suggestions de l'opérateur.
- Une personne en Ultra ne peut pas communiquer.

Dans ma perception de l'hypnose, l'échange pendant les Transes nous apporte des informations intéressantes.

J'ai donc commencé à trouver des moyens pour communiquer avec mes clients, en reprenant les principes de **morcèlement des transes**.

En H-Ultra vous utilisez les ancrages pour entrer au niveau de **Comète ou Diamant**. Puis vous mettez une partie du corps au somnambulique, par exemple la main. Seulement je ne suis pas friand des signalings.

Donc j'ai mis la bouche et la capacité de parler au niveau *'étoile'*. Le partenaire parvenait à parler, mais avec un débit extrêmement lent.

Les retours n'ont pas été satisfaisants en revanche, nous avons vraiment la possibilité de faire parler notre client.

Ramey, lui, a un moyen qui fonctionne plutôt bien mais qui a pour défaut de faire complètement sortir le partenaire de son H-Ultra.

Il fait complètement revenir son client en Somnambulique, pour dialoguer avec et lui demander des réponses. Puis il le renvoie dans sa transe Ultra.

Nous avons donc des moyens divers de faire évoluer les H-Ultras. Il y a une chose importante en hypnose qui est de **ne pas se laisser enfermer dans les conventions**.

Vous allez pouvoir vous même construire et développer votre propre façon de faire et surtout soyez créatif.

En H-Ultras il y a donc la possibilité de travailler sur différents types de problématiques. Gardez en tête que le plus important dans ce type de transe est de **laisser le client responsable de son bien être**.

Il va pouvoir lui-même construire ses suggestions, il va pouvoir construire la structure de son bien être.

Vous allez pouvoir travailler sur différents types de maux :

1/ Les problématiques structurelles :

Il y a une possibilité de faire travailler la structure du corps, cela peut sembler assez ésotérique dans le sens où nous allons laisser le client *'reprogrammer'* son corps pour retrouver **une vitalité d'origine** .

Dans ce cas là, la Transe H-Ultra Abysse est plutôt bien adaptée parce que nous souhaitons remonter à nos origines cellulaires.
J'ai pu observer de très bons résultats sur des entorses, des problèmes plus importants au niveau de la colonne vertébrale.

2/ Les problématiques d'allergies :

En hypnose nous parvenons assez facilement à travailler sur les allergies. Il y a des outils comme *les régressions* ou certains principes métaphoriques.
Grâce aux H-Ultras il arrive souvent qu'en une seule session de **nombreuses allergies disparaissent**. Je l'ai vu sur des allergies alimentaires ou des allergies aux poils d'animaux

3/ Les problématiques de peaux :

Il en est de même pour des problèmes comme les crises d'urticaire, d'eczéma, et des choses moins importantes.

4/ Les douleurs :

C'est une des premières choses que j'ai pu apprécier avec les H-Ultras, la gestion de la douleur sans la moindre suggestion, la capacité même à **retirer des douleurs très fortes** pendant un long moment.
Si en plus vous proposez à votre client un ancrage pour qu'il puisse retourner dans ce même niveau, il pourra supporter son état, notamment lors de maladies lourdes comme le cancer.

5/ Aide aux maladies lourdes :

Les H-Ultras sont des transes très intéressantes pour les personnes atteintes de maladies lourdes comme *le cancer*.
Cela permet de travailler sur différents aspects comme les douleurs et les malaises physiologiques. Cela touche aussi les éléments psychologiques. En effet, quand un client vit avec des maladies de ce type, il peut être atteint de grandes peurs et d'anxiété.
Le fait de se retrouver dans ces transes profondes lui permet de s'apaiser, de retrouver une zone ou l'esprit ne pense pas sans cesse à des choses négatives.

Enfin, avec le travail avec la zone de guérison ou la reprogrammation, il y a des possibilités de soutenir la démarche de santé du corps, en complément des différents traitements allopathiques proposés.

Conclusion

Vous pouvez tester sur tout type de pathologie. J'ai eu des personnes dépressives qui se sont '*retrouvées*' suite à des H-Ultras. Considérez cette technique comme un outil possible dans votre démarche en cabinet.

Aucune technique n'est la panacée, par contre je trouve les résultats vraiment satisfaisants en peu de temps, avec ce que j'apprécie particulièrement, la possibilité qui est donnée aux clients de devenir autonomes grâce aux ancrages.

Chapitre 14 : Quelques questions

Voici quelques questions que l'on m'a fréquemment posées sur les H-Ultras :

Est-ce que c'est long ?

Pour ceux qui me connaissent vous savez que j'aime que ça aille vite, j'ai la croyance que le temps n'a pas d'importance sur certains aspects de la thérapie.
Je me suis donné environ 15 minutes pour entraîner mes partenaires à ces niveaux.
Je pense tout de même que le temps est important selon notre façon de faire (je suis très directif).

Peut-on rester dans cet état pendant des heures ?

Même chez certains praticiens cette croyance est encore présente. C'est normal, c'est une méthode que nous n'avons pas l'habitude d'étudier.
Nous pouvons rester des heures en H-Ultra, c'est un fait et je parle d'expérience, en effet il m'est arrivé plusieurs fois de passer 2 ou 3 heures dans ce genre de transe et jusqu'à 5 heures.
C'est un état agréable dans lequel nous avons des distorsions de temps.

Est-ce qu'un client peut rester bloquer ?

Rester bloquer n'est pas possible, mais comme je vous le disais précédemment, nous pouvons vivre cette transe de nombreuses heures seulement si vous avez suivi la procédure avec les ancrages, le retour se fera toujours facilement.

Est-ce que la menace au niveau Esdaile peut ne pas fonctionner ?

Si elle ne fonctionne pas, c'est que votre partenaire est parti dans un H-Ultra Évolution ou Abysse. Autrement, cette menace a fait ses preuves de nombreuses fois.

Et si nous n'avons pas mis d'ancrage et que le client passe en H-Ultra ?

Certainement comme l'a vécu Walter Sichort, un bon coup de stress et de la patience pour que les suggestions puissent obtenir un retour de la part du patient.
Il n'y a pas à paniquer... on ne reste pas bloquer dans un état de transe.

Est-ce que le H-Ultra pourrait être utile en bloc ?

Je n'ai pas eu la chance de pouvoir aider des médecins et infirmiers en bloc, je ne vais donc faire que spéculer. Je ne peux reprendre que ce que l'histoire a démontré, le niveau Esdaile a permis au 19eme siècle de réduire le nombre de morts pendant les opérations.
Un médecin anesthésiste m'a dit avoir mené une de ses patientes avec un H-Ultra Évolution.
Il nous faut apprendre en fonction de nos partenaires, mais en urgence il est délicat de savoir ce qui sera le mieux pour le patient.

Chapitre 15 : Hypnose H-Ultra et Auto-Hypnose

Il est possible de travailler en Auto-Hypnose en H-Ultra, seulement il faut *prendre un certain temps* pour intégrer la procédure.

Le plus simple est de vivre une Hypnose H-Ultra avec un praticien, l'hétéro-hypnose est un excellent moyen de mettre en place les différents ancrages de niveau.

Voici une procédure possible pour vous mettre vous-mêmes en Auto-Ultra.

1/ Entrer en Auto Hypnose au *Stade Somnambulique*. Cela pourra se faire avec la Elman.

Si vous avez une méthode propre, mettez là en place. Par contre, imposez-vous de descendre suffisamment profondément pour **à minima vous analgésier**.

2/ Une fois que vous parvenez facilement dans cet état, **ancrez vous** un mot de niveau comme '*étoile*'.

3/ Quand vous maîtriserez cette première étape, il vous suffira de commencer à travailler sur les 3 Niveaux A-B-C. Votre fusible sera l'ancrage du niveau somnambulique.

Après un certain temps et quand vous arriverez *aisément en Esdaile,* ancrez le avec un mot clef comme *Comète*.

Cela peut prendre des semaines, soyez patient et régulier dans votre travail. L'auto hypnose offre énormément de possibilités, il faut seulement y consacrer le temps nécessaire.

4/ Une fois que vous maîtrisez ces deux niveaux vous avez le choix de vous approfondir avec les mots ancrés. Soit en choisissant de prendre la procédure Évolution ou Abysse.

Là encore prenez le temps et les semaines qu'il faut pour maîtriser le niveau qui vous correspond. Et ancrez-le avec un mot clef comme *Diamant*.

Il y a une autre façon de faire, que je trouve plus compliquée qu'il n'y parait, c'est de s'**enregistrer toute la procédure sur une MP3**.

Il vous suffira de l'écouter pendant 21 Jours pour entraîner votre subconscient à entrer plus facilement dans ce type de transe.

J'utilise souvent l'Auto-Ultra seulement j'avoue ne pas être encore très bon pour mes retours qui peuvent durer bien plus longtemps que prévu.

Conclusion

Cet ouvrage a pour but de vous offrir un moyen simple et efficace d'aider vos patients. Il n'y a de limite que notre état d'esprit et nos conditionnements.

Les transes n'ont pas de limites et plus nous entraînons nos partenaires dans les profondeurs d'eux-mêmes, plus ils touchent les capacités qui se sont oubliées au fur et à mesure de leur vie.

En H-Ultra nous touchons la source de notre subconscient et de notre inconscient, il y a un véritable lien avec nous-mêmes, une reconnexion qui nous mènera vers une possibilité d'être plus libres de nos malaises, de nos problèmes et de nos douleurs.

Nous sommes encore dans un domaine qui n'est que trop peu exploité dans l'hexagone, l'hypnose restant dans des limites imposées par les dogmes du passé qui se perpétuent dans les instituts, dans les écoles et dans les enseignements même universitaires.

Je pense que nous nous trouvons à un tournant dans le microcosme de l'hypnose en France, il y a de forte chance qu'elle continue à être de plus en plus admise dans le milieu médical..

Il y a l'émergence de l'hypnose de rue qui, même si elle dérange, apporte au paysage une façon plus rapide d'induire des transes.

L'Hypnose telle qu'elle est proposée aujourd'hui se limite parce qu'elle est basée sur des transes parfois trop légères pour que les suggestions puissent être acceptées sur le long terme par le subconscient.

L'Hypnose de tendance Elmanienne est un excellent complément à ce que les praticiens connaissent aujourd'hui, elle est plus simple, elle est plus directe, elle prend en compte des éléments comme les profondeurs qui, jusqu'à aujourd'hui, étaient mises de côté par notre communauté hexagonale.

Les Hypnoses H-Ultras offrent une nouvelle voie des possibles pour les praticiens, elles ne se substituent en rien à vos pratiques habituelles, elles sont des compléments flexibles à un chemin dans le subconscient.

Étudiez, testez, concluez et si vous êtes satisfaits du résultat partagez vos connaissances, vos compréhensions et votre façon personnelle de faire.

Pank (Suivez l'évolution de nos recherches sur les Hypnoses H-Ultra : www.hypnose-ultra.com)

Remerciements

Je remercie les différentes personnes qui prennent du temps pour m'aider dans mes recherches et mes projets.

L'équipe HnO qui est toujours présente pour faire des vidéos, mettre en place de nouvelles formations, m'aider sur mes ouvrages et mes idées folles.

Merci à Christine qui offre énormément d'énergie pour les livres et les formations. Toujours présente et toujours pleine de bonne humeur.

Merci à Pyro et Mhamed qui ont accepté d'être les modèles pour cet ouvrage. Votre présence est toujours un plaisir.

Merci à Emmeline qui monte de superbes vidéos pour l'équipe et propose de bons sujets. Qui se motive au quotidien pour avancer même si souvent ça peut être mouvementé.

Merci à Élodie qui est une de ces prodiges des transes comme Walter Sichort a pu en rencontrer pour proposer de nouvelles voies pour l'hypnose.

Grâce à sa confiance et ses capacités, nous pouvons vous présenter de nombreux sujets.

Merci à Daniel avec qui j'échange beaucoup et qui m'apporte son expérience, sa vision des thérapies et du développement personnel.

Merci à tous mes apprenants qui me font confiance .
Une pensée particulière pour les premiers de ma formation en H-Ultra : David, François, Thomas et Emmeline.

Merci à mes lecteurs qui me suivent et me donnent des retours.

<u>Be One</u>
Novembre 2013
Pank

Qui est HnO Hypnose ?

HnO Hypnose est une association de pratiquants et de praticiens en Hypnose à tendance Elmanienne, Hypnosophie, Hypnose Fusion et Thérapies Durables.

Notre but est de rechercher, développer, pratiquer et diffuser sur ces sujets. Pour ce faire, nous utilisons plusieurs leviers : des formations, des cabinets ouverts, de l'Hypnose Urbaine, des livres, des audios, des live Facebook, des Podcasts...

Nous organisons des formations en Hypnose Classique Curative, Hypnosophie et Psycho-Pratique Intégrative ainsi que des ateliers en thérapie durable.

L'Hypnosophie est une discipline de synthèse et intégrative. L'hypnose est un vaste monde avec des écoles, des styles et des tendances. Plus qu'un style, nous souhaitons intégrer, sur les bases communes de l'hypnose, une ouverture globale.

Nous organisons des cabinets ouverts, dans le but de faire découvrir l'aspect curatif au plus grand nombre.

Toutes les semaines nous organisons des sorties Hypnose Urbaine ou des Hypno-papotages. Nous y invitons des praticiens mais aussi des amateurs. Le but étant de faire connaître, dans un autre contexte que le soin, ce qu'est l'Hypnose. Cette expérience humaine est extraordinaire. Nous pouvons dissiper les à priori et faire vivre des expériences agréables aux passants. Vous pouvez trouver plus d'informations sur ce que nous mettons en place sur : www.hno-hypnose.com

Nous avons mis en place un site de Mp3 d'Hypnose pour faire vivre des micros séances. Vous trouverez des informations sur : www.hno-mp3-hypnose.com

Si vous souhaitez nous rencontrer, échanger, partager, n'hésitez pas à nous contacter :

Mail : hype.ose@gmail.com

YouTube / Twitter / Facebook : Hype-N-Ose

Aller plus loin avec HnO Hypnose

Site Hypnose Fusion :

J'ai fait un site qui regroupe désormais l'ensemble des thèmes que j'aborde régulièrement.

- Hypnose et Magnétisme
- Hypnose et rupture amoureuse
- Hypnose et Enfants
- Hypnosophie
- Crosstherapy
- Hypnose et Sexualité
- Hypnose et Sommeil
- Hypnose Urbaine
- Coaching et SmartBrain Process
- Hypnose et Grossesse
- Hypnose et Manipulation
- Hypnose et Arrêt du Tabac
- Hypnose et Anneau Gastrique Virtuel (Système BAGH)

N'hésitez pas à l'utiliser le plus possible, je vais le faire évoluer et répondrai à vos questions.
https://hypnosefusion.com/

Programme d'hypnose disponible gratuitement :

Programme pour se donner de la Bienveillance (21 Jours)
https://hypnosefusion.com/hypnose-et-bienveillance/

Programme Mincir et Prendre soin de soi (21 Jours)
https://hypnosefusion.com/systeme-bagh-programme-mincir-et-prendre-soin-de-soi-5min-jour-sur-21-jours/

Programme Arrêter de Fumer Gratuitement (21 Jours)
https://hypnosefusion.com/hypnose-et-arret-du-tabac/

Programme Anneau Gastrique Hypnotique Gratuit (21 Jours)
https://hypnosefusion.com/hypnose-et-anneau-gastrique-virtuel-systeme-bagh/

Programme Loi d'Attraction (21 Jours)
https://transeattraction.wordpress.com/

Programme Sommeil (7 Jours)
https://hypnosefusion.com/hypnose-et-sommeil/

Programme Hypnogrossesse (21 Jours)
https://hypnosefusion.com/hypnose-et-grossesse/

Programme Smartbrain Process (120 Jours)
https://hypnosefusion.com/coaching-et-smartbrain-process/